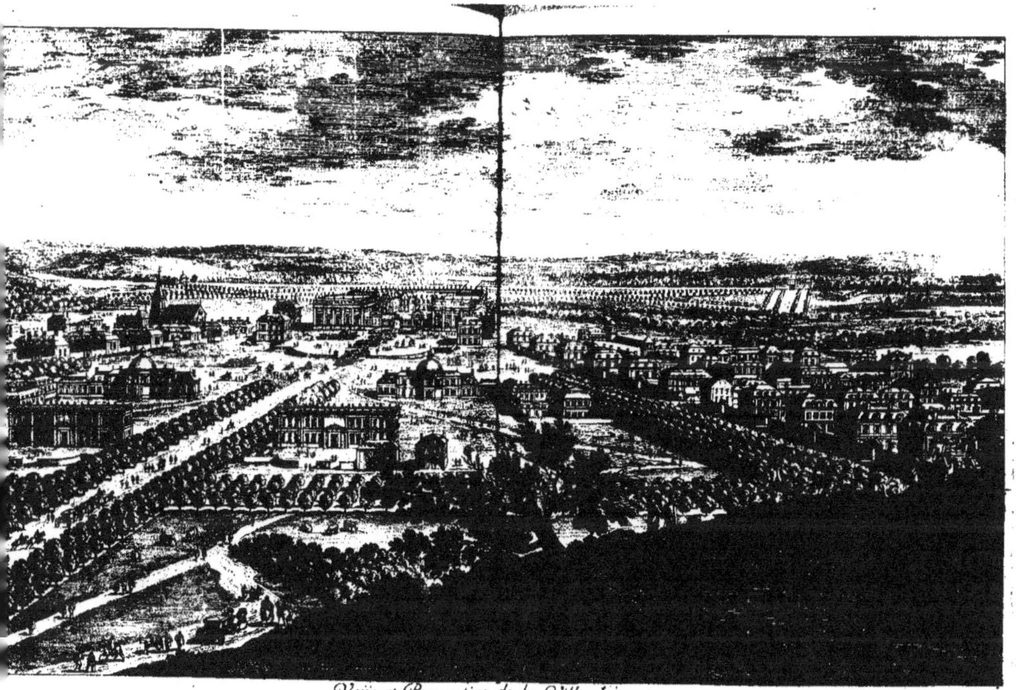

Veüe et Perspective de la Ville de
Versailles en General.

N. Poilly ex. C.P.R. Perelle del. et sculp.

RELATION
DE LA FESTE DE VERSAILLES.

Du dix-huitiéme Iuillet mil six cens soixante-huit.

A PARIS,
Chez PIERRE LE PETIT, Imprimeur & Libraire ordinaire du Roy, ruë S. Iacques, à la Croix d'Or.

M. DC. LXVIII.

RELATION DE LA FESTE DE VERSAILLES.

Du dix-huit Iuillet mil ſix cens ſoixante-huit.

LE Roy ayant accordé la Paix aux inſtances de ſes Alliez & aux vœux de toute l'Europe, & donné des marques d'vne moderation & d'vne bonté ſans exemple, meſme dans le plus fort de ſes conqueſtes, ne penſoit plus qu'à s'appliquer aux affaires de ſon Royaume, lors que pour reparer en quelque ſorte ce que la Cour avoit perdu dans le Carnaval pendant ſon abſence, il reſolut de faire vne Feſte dans les jardins de Verſailles où parmy les plaiſirs que l'on trouve dans vn ſejour ſi délicieux, l'eſprit fuſt encore touché de ces beautez ſurprenantes & extraordinaires dont ce grand Prince ſçait ſi bien aſſaiſonner tous ſes divertiſſemens.

Pour cet effet voulant donner la Comedie enſuite d'vne colation, & le ſouper aprés la Comedie qui fuſt ſuivy d'vn bal & d'vn feu d'artifice ; il jetta les yeux ſur les perſonnes qu'il jugea les plus capables pour diſpoſer toutes les choſes propres à cela. Il leur marqua luy-meſme les endroits où la diſpoſition du lieu pouvoit par ſa beauté naturelle contribuër davantage à leur decoration. Et parce que l'vn des plus beaux ornemens de cette Maiſon eſt la quantité des eaux que l'art y a conduites malgré la nature qui les luy avoit refuſées, ſa Majeſté leur ordonna de s'en ſervir le plus qu'ils pourroient à l'embelliſſement de ces lieux, & meſme leur ouvrit les moyens de les employer & d'en tirer les effets qu'elles peuvent faire.

Pour l'execution de cette Feſte le Duc de Crequy, comme premier Gentilhomme de la Chambre, fut chargé de ce qui regardoit la Comedie ; le Mareſchal de Bellefond comme premier Maiſtre-d'Hoſtel du Roy prit le ſoin de la colation, du ſouper & de tout ce qui regardoit le ſervice des tables ; & Monſieur Colbert comme Sur-Intendant des Baſtimens fit conſtruire & embellir les divers lieux deſtinez à ce divertiſſement royal, & donna les ordres pour l'execution des feux d'artifices.

Le ſieur Vigarani eut ordre de dreſſer le theatre pour la Comedie ; le ſieur Giſſey d'accommoder vn endroit pour le ſouper ; & le ſieur le Vau premier Architecte du Roy, vn autre pour le bal.

Le Mercredy 18. jour de Iuillet le Roy eſtant party de Saint Germain vint diſner à Verſailles avec la Reine, Monſeigneur le Dauphin, Monſieur & Madame ; Le reſte de la Cour eſtant arrivé incontinent aprés midy, trouva des Officiers du Roy qui faiſoient les honneurs & recevoient tout le monde dans les ſalles du Chaſteau où il y avoit en pluſieurs endroits des tables dreſſées & dequoy ſe rafraiſchir ; les principales Dames furent conduites dans des chambres particulieres pour ſe repoſer.

Sur les ſix heures du ſoir le Roy ayant commandé au Marquis de Geſvres Capitaine de ſes Gardes de faire ouvrir toutes les portes afin qu'il n'y euſt perſonne qui ne priſt part au divertiſſement, ſortit du Chaſteau avec la Reine & tout le reſte de la Cour pour prendre le plaiſir de la promenade.

Quand leurs Majeſtez eurent fait le tour du grand parterre, elles deſcendirent dans celuy de gazon qui eſt du coſté de la grotte, où aprés avoir conſideré les fontaines qui les embelliſſent, Elles s'arreſterent particulierement à regarder celle qui eſt au bas du petit parc du coſté de la pompe. Dans le milieu de ſon baſſin l'on voit vn dragon de bronze, qui percé d'vne fléche ſemble vomir le ſang par la gueule, en pouſſant en l'air vn boüillon d'eau qui retombe en pluye, & couvre tout le baſſin.

Autour de ce dragon il y a quatre petits Amours ſur des cignes qui font chacun vn grand jet d'eau & qui nagent vers le bord comme pour ſe ſauver: Deux de ces Amours qui ſont en face du dragon, ſe cachent le viſage avec la main pour ne le pas voir, & ſur leur viſage l'on apperçoit toutes les marques de la crainte parfaitement exprimées. Les deux autres plus hardis parce que le monſtre n'eſt pas tourné de leur coſté, l'attaquent de leurs armes. Entre ces Amours ſont des Dauphins de bronze dont la gueule ouverte pouſſe en l'air de gros boüillons d'eau.

Leurs Majeſtez allerent enſuite chercher le frais dans ces bocquets ſi délicieux où l'épaiſſeur des arbres empeſche que le ſoleil ne ſe faſſe ſentir. Lors qu'Elles furent dans celuy dont vn grand nombre d'agreables allées forme vne eſpece de labyrinte, Elles arriverent aprés pluſieurs détours dans vn cabinet de verdure pentagone où aboutiſſent cinq allées. Au milieu de ce cabinet il y a vne fontaine dont le baſſin eſt bordé de gazon. De ce baſſin ſortoient cinq tables en maniere de bufets, chargées de toutes les choſes qui peuvent compoſer vne colation magnifique.

L'vne de ces tables repreſentoit vne montagne, où dans pluſieurs eſpeces de cavernes on voyoit diverſes ſortes de viandes froides: L'autre eſtoit comme la face d'vn Palais baſty de maſſepains & paſtes ſucrées. Il y en avoit vne chargée de pyramides de confitures ſeiches; vne autre d'vne infinité de vaſes remplis de toutes ſortes de liqueurs; & la derniere eſtoit compoſée de Caramels. Toutes ces tables dont les plans eſtoient ingenieuſement formez en divers compartimens, eſtoient couvertes d'vne infinité de choſes delicates, & diſpoſées d'vne maniere toute nouvelle; leurs pieds & leurs doſſiers eſtoient environnez de feüillages meslez de festons de fleurs, dont vne partie estoit soûtenuë par des Bacchantes. Il y avoit entre ces tables vne petite plouse de mousse verte qui s'avançoit dans le bassin, & sur laquelle on voyoit dans vn grand vase vn oranger dont les fruits estoient confits : chacun de ces orangers avoit à costé de luy deux autres arbres de differentes especes, dont les fruits estoient pareillement confits.

Du milieu de ces Tables s'élevoit vn jet d'eau de plus de trente pieds de haut, dont la chûte faisoit vn bruit tres-agreable : Desorte qu'en voyant tous ces bufets d'vne mesme hauteur joints les vns aux autres par les branches d'arbres & les fleurs dont ils estoient revestus, il sembloit que ce fust vne petite montagne du haut de laquelle sortist vne fontaine.

La palissade qui fait l'enceinte de ce cabinet estoit disposée d'vne maniere toute particuliere : Le Iardinier ayant employé son industrie à bien ployer les branches des arbres & à les lier ensemble en diverses façons, en avoit formé vne espece d'architecture. Dans le milieu du couronnement on voyoit vn socle de verdure sur lequel il y avoit vn dé qui portoit vn vase remply de fleurs. Au costé du dé & sur le mesme socle estoient deux autres vases de

fleurs

Collation donnée dans le petit Parc de Versailles

I.

Comessatio ante coenam data, In Hortis Versalianis

le Pautre sculps 1678.

fleurs, & en cet endroit le haut de la paliſſade venant doucement à s'arrondir en forme de galbe, ſe terminoit aux deux extrémitez par deux autres vaſes auſſi remplis de fleurs.

Au lieu de ſieges de gazon il y avoit tout au tour du cabinet des couches de melons, dont la quantité, la groſſeur & la bonté eſtoit ſurprenante pour la ſaiſon. Ces couches eſtoient faites d'vne maniere toute extraordinaire, & à bien conſiderer la beauté de ce lieu l'on auroit pû dire autrefois que les hommes n'auroient point eu de part à vn ſi bel arangement, mais que quelques Divinitez de ces bois auroient employé leurs ſoins pour l'embellir de la ſorte.

Comme il y a cinq allées qui ſe terminent toutes dans ce cabinet & qui forment vne étoile, l'on trouvoit ces allées ornées de chacun coſté de vingt-ſix arcades de cyprés. Sous chaque arcade & ſur des ſieges de gazon il y avoit de grands vaſes remplis de divers arbres chargez de leurs fruits. Dans la premiere de ces allées il n'y avoit que des orangers de Portugal. La ſeconde eſtoit toute de bigarottiers & de ceriſiers meſlez enſemble. La troiſiéme eſtoit bordée d'abricottiers & de peſchers. La quatriéme de groiſilliers de Hollande. Et dans la cinquiéme l'on ne voyoit que des poiriers de differente eſpece. Tous ces arbres faiſoient vn agreable objet à la veuë, à cauſe de leurs fruits qui paroiſſoient encore davantage contre l'épaiſſeur du bois.

Au bout de ces cinq allées il y a cinq grandes niches de verdure que l'on voit toutes en face du milieu du cabinet. Ces niches eſtoient cintrées ; & ſur les pilaſtres des coſtez s'élevoient deux rouleaux qui s'alloient joindre à vn quarré qui eſtoit au milieu. Dans ce quarré l'on voyoit les chiffres du Roy compoſez de differentes fleurs, & des deux coſtez pendoient des feſtons qui s'attachoient à l'extrémité des rouleaux. A coſté de la niche il y avoit deux arcades auſſi de verdure avec leurs pilaſtres d'vn coſté & d'autre ; & tous ces pilaſtres étoient terminez par des vaſes remplis de fleurs.

Dans l'vne de ces niches eſtoit la figure du Dieu Pan, qui ayant ſur le viſage toutes les marques de la joye, ſembloit prendre part à celle de toute l'aſſemblée. Le Sculpteur l'avoit diſpoſé dans vne action qui faiſoit connoiſtre qu'il eſtoit mis là, comme la Divinité qui preſidoit dans ce lieu.

Dans les quatre autres niches il y avoit quatre Satyres deux hommes & deux femmes, qui tous sembloient danser & témoigner le plaisir qu'ils ressentoient de se voir visitez par vn si grand Monarque suivy d'vne si belle Cour. Toutes ces figures estoient dorées & faisoient vn effet admirable contre le verd de ces palissades.

Aprés que leurs Majestez eurent esté quelque temps dans cet endroit si charmant, & que les Dames eurent fait colation, le Roy abandonna les Tables au pillage des gens qui suivoient, & la destruction d'vn arrangement si beau servit encore d'vn divertissement agreable à toute la Cour, par l'empressement & la confusion de ceux qui démolissoient ces châteaux de massepain & ces montagnes de confitures.

Au sortir de ce lieu le Roy rentrant dans vne calesche, la Reine dans sa chaise, & tout le reste de la Cour dans leurs carosses poursuivirent leur promenade pour se rendre à la Comedie, & passant dans vne grande allée de quatre rangs de tilleuls, firent le tour du bassin de la fontaine des cygnes, qui termine l'allée royale vis à vis du chasteau. Ce bassin est vn quarré long finissant par deux demi-ronds; Sa longueur est de soixante toises sur quarante de large. Dans son milieu il y a vne infinité de jets d'eau, qui réünis ensemble font vne gerbe d'vne hauteur & d'vne grosseur extraordinaire.

A costé de la grande allée royale il y en a deux autres qui en sont éloignées d'environ deux cens pas. Celle qui est à droit en montant vers le Chasteau s'appelle l'allée du Roy, & celle qui est à gauche l'allée des prez. Ces trois allées sont traversées par vne autre qui se termine à deux grilles qui font la closture du petit parc. Ces deux allées des costez & celle qui les traverse ont cinq toises de large; mais à l'endroit où elles se rencontrent elles forment vn grand espace qui a plus de treize toises en quarré. C'est dans cet endroit de l'allée du Roy que le sieur Vigarani avoit disposé le lieu de la Comedie. Le Theatre qui avançoit vn peu dans le quarré de la place s'enfonçoit de dix toises dans l'allée qui monte vers le Chasteau, & laissoit pour la Salle vn espace de treize toises de face sur neuf de large.

L'exhaussement de ce Salon estoit de trente pieds jusques à la corniche, d'où les costez du plat-fond s'élevoient encore de huit pieds jusques au dernier enfoncement. Il estoit couvert de feüillée par dehors, & par dedans paré de riches tapisseries que le sieur du Mets Intendant des meubles de la Couronne avoit pris soin de faire disposer de la maniere la plus belle & la plus convenable pour la decoration de ce lieu. Du haut du plat-fond pendoient trente-deux chandeliers de crystal portant chacun dix bougies de cire blanche. Autour de la Sale estoient plusieurs sieges disposez en amphitheatre remplis de plus de douze cent personnes; & dans le parterre il y avoit encore sur des bancs vne plus grande quantité de monde. Cette Sale estoit percée par deux grandes arcades dont l'vne estoit vis-à-vis du Theatre & l'autre du costé qui va vers la grande allée. L'ouverture du Theatre estoit de trente-six pieds, & de chaque costé il y avoit deux grandes colomnes torses de bronze & de lapis environnées de branches & de feüilles de vigne d'or: Elles estoient posées sur des pieds d'estaux de marbre, & portoient vne grande corniche aussi de marbre dans le milieu de laquelle on voyoit les armes du Roy sur vn cartouche doré accompagné de trophées; l'architecture estoit d'ordre Ionique. Entre chaque colomne il y avoit vne figure: Celle qui estoit à droit representoit la Paix, & celle qui estoit à gauche figuroit la Victoire, pour monstrer que sa Majesté est toûjours en estat de faire que ses peuples joüissent d'vne paix heureuse & pleine d'abondance, en établissant le repos dans l'Europe, Où d'vne victoire glorieuse & remplie de joye, quand Elle est obligée de prendre les armes pour soûtenir ses droits.

Lors que leurs Majestez furent arrivées dans ce lieu dont la grandeur & la magnificence surprit toute la Cour ; & quand Elles eurent pris leurs places sur le haut Dais qui estoit au milieu du parterre, on leva la toile qui cachoit la decoration du Theatre : & alors les yeux se trouvant tout-à-fait trompez, l'on crut voir effectivement vn jardin d'vne beauté extraordinaire.

A l'entrée de ce jardin l'on découvroit deux palissades si ingenieusement moulées qu'elles formoient vn ordre d'architecture, dont la corniche estoit soûtenuë par quatre termes qui representoient des Satyres. La partie d'en-bas de ces termes, & ce qu'on appelle guaine estoit de jaspe & le reste de bronze doré. Ces Satyres portoient sur leurs testes des corbeilles pleines de fleurs : Et sur les pieds d'estaux de marbre qui soûtenoient ces mesmes termes, il y avoit de grands vases dorez aussi remplis de fleurs.

Vn peu plus loin paroissoient deux terrasses revestuës de marbre blanc qui environnoient vn long canal. Aux bords de ces terrasses il y avoit des masques dorez qui vomissoient de l'eau dans le canal, & au dessus de ces masques on voyoit des vases de bronze doré d'où sortoient aussi autant de veritables jets d'eau.

On montoit sur ces terrasses par trois degrez, & sur la mesme ligne où estoient rangez les termes il y avoit d'vn costé & d'autre vne allée de grands arbres entre lesquels paroissoient des cabinets d'vne architecture rustique: Chaque cabinet couvroit vn grand bassin de marbre soûtenu sur vn pied d'estail de mesme matiere, & de ces bassins sortoient autant de jets d'eau.

Le bout du canal le plus proche estoit bordé de douze jets d'eau qui formoient autant de chandeliers, & à l'autre extremité on voyoit vn superbe édifice en forme de dôme. Il estoit percé de trois grands portiques au travers desquels on découvroit vne grande étenduë de païs.

D'abord l'on vit sur le Theatre vne colation magnifique d'oranges de Portugal & de toutes sortes de fruits chargez à fond & en pyramides dans trente-six corbeilles qui furent servies à toute la Cour par le Mareschal de Bellefond, & par plusieurs Seigneurs, pendant que le sieur de Launay Intendant des menus plaisirs & affaires de la Chambre donnoit de tous costez des

Imprimez qui contenoient le ſujet de la Comedie & du Balet.

Bien que la piece qu'on repreſenta doive eſtre conſiderée comme vn Impromptus & vn de ces ouvrages où la neceſſité de ſatisfaire ſur le champ aux volontez du Roy ne donne pas toûjours le loiſir d'y apporter la derniere main, & d'en former les derniers traits; neanmoins il eſt certain qu'elle eſt composée de parties ſi diverſifiées & ſi agreables qu'on peut dire qu'il n'en a guere paru ſur le Theatre de plus capable de ſatisfaire tout enſemble l'oreille & les yeux des ſpectateurs. La proſe dont on s'eſt ſervy eſt vn langage tres-propre pour l'action qu'on repreſente; & les vers qui ſe chantent entre les actes de la Comedie conviennent ſi bien au ſujet & expriment ſi tendrement les paſſions dont ceux qui les recitent doivent eſtre émus, qu'il n'y a jamais rien eu de plus touchant. Quoy qu'il ſemble que ce ſoit deux Comedies que l'on jouë en meſme temps, dont l'vne ſoit en proſe & l'autre en vers, elles ſont pourtant ſi bien vnies à vn meſme ſujet qu'elles ne font qu'vne meſme piece & ne repreſentent qu'vne ſeule action.

L'ouverture du theatre ſe fait par quatre Bergers * déguiſez en valets de feſtes qui accompagnez

* Beauchamp.

Les Festes de l'Amour et de Bacchus, Comedie en Musique representée dans le petit Parc de Versailles.

Festum Cupidinis et Bacchi, Comœdia, ad perpetuum vocum et tibiarum cantum acta, In Hortis Versalianis.

le Pautre sculpsit 1678

compagnez de quatre autres Bergers* qui joüent de la flûte, font vne danſe où ils obligent d'entrer avec eux vn riche Païſan qu'ils rencontrent, & qui mal ſatisfait de ſon mariage, n'a l'eſprit remply que de faſcheuſes penſées: Auſſi l'on voit qu'il ſe retire bien-toſt de leur cõpagnie où il n'a demeuré que par contrainte.

* Climene & * Cloris qui ſont deux Bergeres amies, entendant le ſon des flûtes, viennent joindre leurs voix à ces inſtrumens & chantent

S. André, La Pierre Favier.

** Deſcouteaux, Philbert, Iean & Martin Hottere.*

** Mlle Hylaire.*

** Mlle Des Frõteaux*

L'Autre jour d'Annette
I'entendis la voix,
Qui ſur la muſette
Chantoit dans nos bois ;
Amour, que ſous ton empire
On ſouffre de maux cuiſans !
Ie le puis bien dire
Puiſque je le ſens.

La jeune Liſette
Au meſme moment
Sur le ton d'Annette
Reprit tendrement,
Amour, ſi ſous ton empire
Ie ſouffre des maux cuiſans,
C'eſt de n'oſer dire
Tout ce que je ſens.

* Blondel. * Gaye.

* Tircis & * Philene Amans de ces deux Bergeres, les abordent pour les entretenir de leur passion, & font avec elles vne Scene en musique.

Cloris.

Laissez-nous en repos, Philene.

Climene.

Tircis, ne vien point m'arrester.

Tircis, & Philene.

Ah! belle inhumaine,
Daigne vn moment m'écouter?

Climene, & Cloris.

Mais, que me veux-tu conter?

Les deux Bergers.

Que d'vne flâme immortelle
Mon cœur brûle sous tes loix.

Les deux Bergeres.

Ce n'est pas vne nouvelle,
Tu me l'as dit mille fois.

Philene.

Quoy? veux-tu toute ma vie
Que j'aime & n'obtienne rien?

Cloris.

Non, ce n'est pas mon envie,
N'aime plus, je le veux bien.

Tircis.

Le Ciel me force à l'hommage
Dont tous ces bois sont témoins.

Climene.

C'est au Ciel, puis qu'il t'engage,
A te payer de tes soins.

Philene.

C'est par ton merite extréme
Que tu captives mes vœux.

Cloris.

Si je merite qu'on m'aime
Ie ne dois rien à tes feux.

Les deux Bergers.

L'éclat de tes yeux me tuë.

Les deux Bergeres.

Détourne de moy tes pas.

Les deux Bergers.

Ie me plais dans cette veuë.

Les deux Bergeres.

Berger, ne t'en plains donc pas.

Philene.

Ah! belle Climene.

Tircis.

Ah! belle Cloris.

Philene.

Ren-la pour moy plus humaine.

Tircis.

Dompte pour moy ses mépris.

Climene, à Cloris.

Sois sensible à l'amour que te porte Philene.

Cloris, à Climene.

Sois sensible à l'ardeur dont Tircis est épris.

Climene.

Si tu veux me donner ton exemple, Bergere,
Peut-estre je le recevray.

Cloris.

Si tu veux te resoudre à marcher la premiere,
Possible que je te suivray.

Climene, à Philene.

Adieu, Berger.

Cloris, à Tircis.

Adieu, Berger.

Climene.

Atten un favorable sort.

Cloris.

Atten un doux succés du mal qui te possede.

Tircis.

Je n'attens aucun remede.

Philene.

Et je n'attens que la mort.

Tircis, & Philene.

Puis qu'il nous faut languir en de tels déplaisirs,
Mettons fin en mourant à nos tristes soûpirs.

Ces deux Bergers se retirent l'ame pleine de douleur & de desespoir, & ensuite de cette

Musique commence le premier Acte de la Comedie en prose.

Le sujet est qu'vn riche Païsan s'estant marié à la fille d'vn Gentilhomme de campagne, ne reçoit que du mépris de sa femme aussi bien que de son beau-pere & de sa belle-mere, qui ne l'avoient pris pour leur gendre qu'à cause de ses grands biens.

Toute cette Piece est traitée de la mesme sorte que le sieur de Moliere a de coûtume de faire ses autres Pieces de theatre; c'est à dire qu'il y represente avec des couleurs si naturelles le caractere des personnes qu'il introduit, qu'il ne se peut rien voir de plus ressemblant que ce qu'il a fait pour montrer la peine & les chagrins où se trouvent souvent ceux qui s'allient au dessus de leur condition. Et quand il dépeint l'humeur & la maniere de faire de certains Nobles campagnards, il ne forme point de traits qui n'expriment parfaitement leur veritable image. Sur la fin de l'Acte le Paysan est interrompu par vne Bergere qui luy vient apprendre le desespoir des deux Bergers: mais comme il est agité d'autres inquietudes, il la quitte en colere, & Cloris entre qui vient faire vne plainte sur la mort de son Amant.

AH! mortelles douleurs !
Qu'ay-je plus à pretendre?
Coulez, coulez mes pleurs,
Ie n'en puis trop répandre.

Pourquoy faut-il qu'vn tyrannique honneur
Tienne nostre ame en esclave asservie?
Helas! pour contenter sa barbare rigueur
I'ay reduit mon Amant à sortir de la vie.
Ah! mortelles douleurs!
Qu'ay-je plus à pretendre?
Coulez, coulez mes pleurs,
Ie n'en puis trop répandre.

Me puis-je pardonner dans ce funeste sort
Les séveres froideurs dont je m'estois armée,
Quoy donc, mon cher amant, je t'ay donné la mort:
Est-ce le prix, helas! de m'avoir tant aimée?
Ah! mortelles douleurs, &c.

Aprés cette plainte commença le second Acte de la Comedie en prose. C'est vne suite des déplaisirs du Païsan marié qui se trouve encore interrompu par la mesme Bergere, qui vient luy dire que Tircis & Philene ne sont point morts, & luy monstre six Batteliers *qui les ont ont sauvez. Le Païsan importuné de tous ces avis se retire & quitte la place aux Batteliers, qui ravis de la recompense qu'ils ont receuë

* *Ioüan, Beauchamp, Chicanneau, Favier, Noblet, Mayeu.*

danſent avec leurs crocs & ſe joüent enſemble, aprés quoy ſe recite le troiſiéme acte de la Comedie en proſe.

Dans ce dernier Acte l'on voit le Païſan dans le comble de la douleur par les mauvais traitemens de ſa femme. Enfin vn de ſes amis luy conſeille de noyer dans le vin toutes ſes inquietudes, & l'emmene pour joindre ſa troupe, voyant venir toute la foule des Bergers amoureux qui commence à celebrer par des chants & des danſes le pouvoir de l'amour.

Icy la decoration du theatre ſe trouve changée en vn inſtant, & l'on ne peut comprendre comment tant de veritables jets d'eau ne paroiſſent plus, ny par quel artifice au lieu de ces cabinets & de ces allées on ne découvre ſur le theatre que de grandes roches entremeſlées d'arbres, où l'on voit pluſieurs Bergers qui chantent & qui joüent de toutes ſortes d'inſtrumens. Cloris commence la premiere à joindre ſa voix au ſon des flûtes & des muſettes.

Cloris.

ICy l'ombre des ormeaux
Donne vn teint frais aux herbettes,
Et les bords de ces ruiſſeaux
Brillent de mille fleurettes
Qui ſe mirent dans les eaux.

Prenez, Bergers, vos muſettes,
Ajuſtez vos chalumeaux,
Et meſlons nos chanſonnettes
Aux chants des petits oiſeaux.

Le Zephire entre ces eaux
Fait mille courſes ſecrettes,
Et les Roßignols nouveaux
De leurs douces amourettes
Parlent aux tendres rameaux.
Prenez, Bergers, vos muſettes, &c.

Pendant que la Muſique charme les oreilles, les yeux ſont agreablement occupez à voir danſer pluſieurs Bergers * & Bergeres galamment veſtuës. Et Climene chante

* Bergers. *Chicanneau, S. André, La Pierre, Favier.* Bergeres. *Bonard, Arnald, Noblet, Foignard.*

Ah! qu'il eſt doux, belle Silvie,
Ah! qu'il eſt doux de s'enflâmer;
Il faut retrancher de la vie
Ce qu'on en paſſe ſans aimer.

Cloris.

Ah! les beaux jours qu'Amour nous donne
Lors que ſa flâme unit les cœurs;
Eſt-il ny gloire ny Couronne
Qui vaille ſes moindres douceurs?

Tircis.

Qu'avec peu de raiſon on ſe plaint d'vn martyre
Que ſuivent de ſi doux plaiſirs.

Philene.

Vn moment de bonheur dans l'amoureux Empire
Repare dix ans de ſoûpirs.

Tous enſemble.

Chantons tous de l'amour le pouvoir adorable,
Chantons tous dans ces lieux
Ses attraits glorieux ;
Il eſt le plus aimable
Et le plus grand des Dieux.

A ces mots l'on vit s'approcher du fond du theatre vn grand rocher couvert d'arbres, ſur lequel eſtoit aſſiſe toute la troupe de Bachus compoſée de quarante Satyres, * l'vn d'eux D'Eſtival. s'avançant à la teſte chanta fierement ces paroles,

Arreſtez, c'eſt trop entreprendre,
Vn autre Dieu dont nous ſuivons les loix,
S'oppoſe à cet honneur qu'à l'Amour oſent rendre
Vos muſettes & vos voix :
A des titres ſi beaux, Bachus ſeul peut pretendre,
Et nous ſommes icy pour défendre ſes droits.

Chœur de Bachus.

Nous ſuivons de Bachus le pouvoir adorable,

Nous ſuivons en tous lieux
Ses attraits glorieux,
Il eſt le plus aimable
Et le plus grand des Dieux.

Pluſieurs du party de Bachus meſloient auſſi leurs pas à la Muſique, & l'on vit vn combat des Danſeurs & des Chantres de Bachus, contre les Danſeurs & les Chantres qui ſoûtenoient le party de l'Amour.

Cloris.

C'eſt le Printemps qui rend l'ame
A nos champs ſemez de fleurs;
Mais c'eſt l'Amour & ſa flâme
Qui font revivre nos cœurs.

Vn ſuivant de Bachus. *

* Gingan.

Le Soleil chaſſe les ombres
Dont le Ciel eſt obſcurci,
Et des ames les plus ſombres
Bachus chaſſe le ſouci.

Chœur de Bachus.

Bachus eſt reveré ſur la terre & ſur l'onde.

Chœur de l'Amour.

Et l'Amour eſt vn Dieu qu'on adore en tous lieux.

Chœur de Bachus.

Bachus à ſon pouvoir a ſoûmis tout le monde.

Chœur de l'Amour.

Et l'Amour a domté les Hommes & les Dieux.

Chœur de Bachus.

Rien peut-il égaler ſa douceur ſans ſeconde ?

Chœur de l'Amour.

Rien peut-il égaler ſes charmes precieux ?

Chœur de Bachus.

Fy de l'amour & de ſes feux.

Le party de l'Amour.

Ah ! quel plaiſir d'aimer.

Le party de Bachus.

Ah ! quel plaiſir de boire.

Le party de l'Amour.

A qui vit ſans amour, la vie eſt ſans appas.

Le party de Bachus.

C'eſt mourir que de vivre, & de ne boire pas.

Le party de l'Amour.

Aimables fers,

Le party de Bachus.

Douce victoire.

Le party de l'Amour.

Ah ! quel plaiſir d'aimer.

Le party de Bachus.

Ah ! quel plaiſir de boire.

Les deux partis.

Non, non c'eſt vn abus,
Le plus grand Dieu de tous.

Le party de l'Amour.

C'eſt l'Amour.

Le party de Bachus.

C'eſt Bachus.

* *Le Gros.*

Vn Berger * arrive qui ſe jette au milieu des deux partis pour les ſeparer, & leur chante ces vers,

C'eſt trop, c'eſt trop, Bergers, hé pourquoy ces [debats?
Souffrons qu'en vn party la raiſon nous aſſemble,
L'Amour a des douceurs, Bachus a des appas,
Ce ſont deux Deitez qui ſont fort bien enſemble,
Ne les ſeparons pas.

Les deux Chœurs enſemble.

Meſlons donc leurs douceurs aimables,
Meſlons nos voix dans ces lieux agreables,
Et faiſons repeter aux Echos d'alentour,
Qu'il n'eſt rien de plus doux que Bachus & l'Amour.

* Suivans de Bachus *Beauchamp, Dolivet, Chicanneau, Mayeu.* Bachantes. *Payſan, Manceau, Le Roy, Peſan.*

Tous les Danſeurs ſe meſlent enſemble, & l'on voit parmy les Bergers & les Bergeres quatre des ſuivans de Bachus * avec des thyrſes, & quatre Bacchantes avec des eſpeces de tambours de Baſque, qui repreſentent ces cribles qu'elles portoient anciennement aux feſtes de Bachus. De ces thyrſes les ſuivans frapent ſur les cribles des Bacchantes, & font differentes poſtures pendant que les Bergers & les Bergeres danſent plus ſerieuſement.

On peut dire que dans cet ouvrage le ſieur de Lully a trouvé le ſecret de ſatisfaire & de charmer tout le monde; car jamais il n'y a rien eu de ſi beau ny de mieux inventé. Si l'on regarde les danſes, il n'y a point de pas qui ne marque l'action que les Danſeurs doivent faire, & dont les geſtes ne ſoient autant de paroles qui ſe faſſent entendre. Si l'on regarde la Muſique, il n'y a rien qui n'exprime parfaitement toutes les paſſions & qui ne raviſſe l'eſprit des Auditeurs. Mais ce qui n'a jamais eſté veu, eſt cette harmonie de voix ſi agreable, cette ſymphonie d'inſtrumens, cette belle vnion de differens chœurs, ces douces chanſonnettes, ces dialogues ſi tendres & ſi amoureux, ces échos, & enfin cette conduite admirable dans toutes les parties, où depuis les premiers recits l'on a veu toûjours que la Muſique s'eſt augmentée, & qu'enfin aprés avoir commencé par vne ſeule voix, elle a finy par vn concert de plus de cent perſonnes que l'on a veuës toutes à la fois ſur vn meſme Theatre joindre enſemble leurs inſtrumens, leurs voix & leurs pas, dans vn accord & vne cadence qui finit la Piece, en laiſſant tout le monde dans vne admiration qu'on ne peut aſſez exprimer.

Cet agreable ſpectacle eſtant fini de la ſorte, le Roy & toute la Cour ſortirent par le Portique du coſté gauche du Salon, & qui rend dans l'allée de traverſe au bout de laquelle à l'endroit où elle coupe l'allée des prez, l'on apperceut de loin vn Edifice élevé de cinquante pieds de haut. Sa figure eſtoit octogone, & ſur le haut de la couverture s'élevoit vne eſpece de Dôme d'vne grandeur & d'vne hauteur ſi belle & ſi proportionnée que le tout enſemble reſſembloit beaucoup à ces beaux temples antiques dont l'on voit encore quelques reſtes: Il eſtoit tout couvert de feüillages, & remply d'vne infinité de lumieres. A meſure qu'on s'en approchoit on y découvroit mille differentes beautez: Il eſtoit iſolé & l'on voyoit dans les huit angles autant de pilaſtres qui ſervoient comme de pieds forts ou d'arboutans élevez de quinze pieds de haut. Au deſſus de ces pilaſtres il y avoit de grands vaſe ornez de differentes façons & remplis de lumieres. Du haut de ces vaſes ſortoit vne fontaine qui retombant à l'entour les environnoit comme d'vne cloche de cryſtal. Ce qui faiſoit vn effet d'autant plus admirable qu'on voyoit vn feu éclairer agreablement au milieu de l'eau.

Cet edifice eſtoit percé de huit portes. Au

Festin donné dans le petit Parc de Versailles.

Coenaculum jmplexis ramis concameratum, et Regiæ coenæ adumbratio, Jn Hortis Versalianis.

devant de celle par où l'on entroit, & sur deux pieds d'estaux de verdure estoient deux grandes figures dorées qui representoient deux Faunes joüant chacun d'vn instrument. Au dessus de ces portes on voyoit comme vne espece de frise ornée de huit grands basreliefs, representant par des figures assises les quatre Saisons de l'année & les quatre parties du Iour. A costé des premieres il y avoit de doubles L. & à costé des autres des fleurs de lys. Elles estoient toutes enchassées parmy le feüillage, & faites avec vn artifice de lumiere si beau & si surprenant, qu'il sembloit que toutes ces figures, ces L, & ces fleurs de lys fussent d'vn métal lumineux & transparant.

Le tour du petit dôme estoit aussi orné de huit basreliefs éclairez de la mesme sorte; mais au lieu de figures c'estoit des trophées disposez en differentes manieres. Sur les angles du principal edifice & du petit dôme, il y avoit de grosses boules de verdure qui en terminoient les extremitez.

Si l'on fut surpris en voyant par dehors la beauté de ce lieu, on le fut encore davantage en voyant le dedans. Il estoit presque impossible de ne se pas persuader que ce ne fust vn enchantement, tant il y paroissoit de choses qu'on croiroit ne ſe pouvoir faire que par magie. Sa grandeur eſtoit de huit toiſes de diametre. Au milieu il y avoit vn grand Rocher, & au tour du Rocher vne table de figure octogone chargée de ſoixante quatre couverts. Ce Rocher eſtoit percé en quatre endroits, il ſembloit que la Nature euſt fait choix de tout ce qu'elle a de plus beau & de plus riche pour la compoſition de cet ouvrage, & qu'elle euſt elle-meſme pris plaiſir d'en faire ſon chef-d'œuvre : tant les Ouvriers avoient bien ſceu cacher l'artifice dont ils s'eſtoient ſervis pour l'imiter.

Sur la cime du Rocher eſtoit le cheval Pegaze : il ſembloit en ſe cabrant faire ſortir l'eau qu'on voyoit couler doucement de deſſous ſes pieds ; mais qui auſſi-toſt tomboit avec abondance & formoit comme quatre fleuves. Cette eau qui ſe precipitoit avec violence & par gros boüillons parmy les pointes du Rocher, le rendoit tout blanc d'écume & ne s'y perdoit que pour paroiſtre enſuite plus belle & plus brillante : Car reſortant avec impetuoſité par des endroits cachez, elle faiſoit des chûtes d'autant plus agreables qu'elles ſe ſeparoient en pluſieurs petits ruiſſeaux parmy les cailloux & les coquilles. Il ſortoit de tous les endroits les plus creux du Rocher mille gouttes d'eau, qui, avec celles des cascades venoient à inonder vne plouse couverte de mousse & de divers coquillages qui en faisoit l'entrée. C'estoit sur ce beau vert & à l'entour de ces coquilles que ces eaux venant à se répandre & à couler agreablement faisoient vne infinité de retours qui paroissoient autant de petites ondes d'argent, & avec vn murmure doux & agreable qui s'accordoit au bruit des cascades, tomboient en cent differentes manieres dans huit canaux qui separoient la table d'avec le Rocher & en recevoient toutes les eaux. Ces canaux estoient revestus de carreaux de porcelaine & de mousse, au bord desquels il y avoit de grands vases à l'antique émaillez d'or & d'azur, qui jettant l'eau par trois differens endroits remplissoient trois grandes coupes de cryștal qui se dégorgeoient encore dans ces mesmes canaux.

Au dessous du cheval Pegase, & vis-à-vis la porte par où l'on entroit, on voyoit la figure d'Apollon assise, tenant dans sa main vne lyre; les neuf Muses estoient au dessous de luy qui tenoient aussi divers instrumens. Dans les quatre coins du Rocher & au dessous de la chûte de ces fleuves, il y avoit quatre figures couchées qui en repreſentoient les Divinitez.

De quelque coſté qu'on regardaſt ce Rocher, l'on y voyoit toûjours differens effets d'eau, & les lumieres dont il eſtoit éclairé eſtoient ſi bien diſpoſées, qu'il n'y en avoit point qui ne contribuaſſent à faire paroiſtre toutes les figures qui eſtoient d'argent, & à faire briller davantage les divers éclats de l'eau & les differentes couleurs des pierres & des cryſtaux dont il eſtoit compoſé. Il y avoit meſme des lumieres ſi induſtrieuſement cachées dans les cavitez de ce Rocher, qu'elles n'eſtoient point apperceuës, mais qui cependant le faiſoient voir par tout, & donnoient vn luſtre & vn éclat merveilleux à toutes les gouttes d'eau qui tomboient.

Des huit Portes dont ce Salon eſtoit percé, il y en avoit quatre au droit des quatre grandes allées, & quatre autres qui eſtoient vis-àvis des petites allées, qui ſont dans les angles de cette place. A coſté de chaque porte il y avoit quatre grandes niches percées à jour, & remplies d'vn grand pied d'argent ; Au deſſus eſtoit vn grand vaze de meſme matiere, qui portoit vne girandolle de cryſtal, allumée de dix bougies de cire blanche. Dans les huit angles qui forment la figure de ce lieu, il y avoit vn corps ſolide taillé ruſtiquement, & dont le fond verdâtre brilloit en façon de cryſtal ou d'eau congelée. Contre ce corps eſtoient quatre Coquilles de marbre les vnes au deſſous des autres, & dans des diſtances fort proportionnées; la plus haute eſtoit la moins grande, & celles de deſſous augmentoient toûjours en grandeur pour mieux recevoir l'eau qui tomboit des vnes dans les autres. On avoit mis ſur la Coquille la plus élevée vne girandolle de cryſtal allumée de dix bougies, & de cette Coquille ſortoit de l'eau en forme de nape, qui tombant dans la ſeconde Coquille ſe répandoit dans vne troiſiéme où l'eau d'vn maſque poſé au deſſus, venant à ſe rendre la rempliſſoit encore davantage. Cette troiſiéme Coquille eſtoit portée par deux Dauphins, dont les écailles eſtoient de couleur de nacre: Ces deux Dauphins jettoient de l'eau dans la quatriéme Coquille, où tomboit auſſi en nape l'eau de la Coquille qui eſtoit au deſſus; & toutes ces eaux venoient enfin à ſe rendre dans vn Baſſin de marbre, aux deux extremitez duquel eſtoient deux grands vazes remplis d'orangers.

Le Platfond de ce lieu n'eſtoit pas ceintré en forme de voûte; Il s'élevoit juſques à l'ouverture du petit Dôme par huit pans qui representoient vn compartiment de menuiserie artistement taillé de feüillages dorez. Dans ces compartimens qui paroissoient percez, l'on avoit peint des branches d'arbres au naturel pour avoir plus d'vnion avec la feüillée, dont le corps de cet édifice estoit composé ; Le haut du petit dôme estoit aussi vn compartiment d'vne riche broderie d'or & d'argent sur vn fond vert.

Outre vingt-cinq lustres de crystal chacun de dix bougies, qui éclairoient ce lieu, & qui tomboient du haut de la voûte ; il y en avoit encore d'autres au milieu des huit portes qui estoient attachez avec de grandes écharpes de gaze d'argent entre des festons de fleurs noüez avec de pareilles écharpes enrichies d'vne frange de mesme.

Sur la grande corniche qui regnoit tout autour de ce Salon, estoient rangez soixante-quatre vases de Porcelaine remplis de diverses fleurs ; & entre ces vases on avoit mis 64. boules de crystal de diverses couleurs & d'vn pied de diametre, soustenuës sur des pieds d'argent : Elles paroissoient comme autant de pierres precieuses, & estoient éclairées d'vne maniere si ingenieuse que la lumiere passant au travers, & se trouvant chargée des differentes couleurs de ces crystaux, se répandoit par tout le haut du Platfond, où elle faiſoit des effets ſi admirables qu'il ſembloit que ce fuſſent les couleurs meſme d'vn veritable Arc-en-Ciel. De cette corniche & du tour que formoit l'ouverture du petit dôme, pendoient pluſieurs feſtons de toutes ſortes de fleurs attachez avec de grandes écharpes de gaze d'argent, dont les bouts tombant entre chaque feſton, paroiſſoient avec beaucoup d'éclat & de grace ſur tout le corps de cette Architecture qui eſtoit de feüillages, & dont l'on avoit ſi bien ſceu former differentes ſortes de verdure, que la diverſité des arbres qu'on y avoit employez & que l'on avoit ſceu accommoder les vns auprés des autres, ne faiſoit pas vne des moindres beautez de la compoſition de cet agreable édifice.

Au delà du Portique, qui eſtoit vis-à-vis de celuy par où l'on entroit, on avoit dreſſé vn Bufet d'vne beauté & d'vne richeſſe toute extraordinaire. Il eſtoit enfoncé de dix-huit pieds dans l'allée, & l'on y montoit par trois grands degrez en forme d'eſtrade: Il y avoit des deux coſtez de ce Bufet deux manieres d'aîles élevées d'environ dix pieds de haut, dont le deſſous ſervoit pour paſſer ceux qui portoient les viandes; Sur le milieu de chacune de ces aîles eſtoit vn Socle de verdure qui portoit vn grand gueridon d'argent chargé d'vne girandolle auſſi d'argent allumée de bougies de cire blanche ; & à costé de ces gueridons plusieurs grands vazes d'argent. Contre ce Socle estoit attachée vne grãde plaque d'argent à trois branches, portant chacune vn flambeau de cire blanche.

Sur la table du Bufet il y avoit quatre degrez de deux pieds de large, & de trois à quatre pieds de haut, qui s'élevoient jusques à vn Platfond de feüillée de vingt-cinq pieds d'exhaussement ; Sur ce Bufet & sur ces degrez l'on voyoit dans vne disposition agreable vingt-quatre bassins d'argent d'vne grandeur extréme & d'vn ouvrage merveilleux ; Ils estoient separez les vns des autres par autant de grands vazes, de casolettes & de girandolles d'argent d'vne pareille beauté; Il y avoit sur la table vingt-quatre grands pots d'argent remplis de toutes sortes de fleurs, avec la nef du Roy, la vaisselle & les verres destinez pour son service. Au devant de la table on voyoit vne grande cuvette d'argent en forme de coquille, & aux deux bouts du Bufet quatre gueridons d'argent de six pieds de haut, sur lesquels estoient des girandolles d'argent allumées de dix bougies de cire blanche.

Dans les deux autres arcades qui estoient à costé de celle-cy, estoient deux autres Bufets moins hauts & moins larges que celuy du milieu : Chaque table avoit deux degrez, sur lesquels estoient dreſſez quatre grands baſſins d'argent, qui accompagnoient vn grand vaze chargé d'vne girandolle allumée de dix bougies, & entre ces baſſins & ce vaze il y avoit pluſieurs figures d'argent. Aux deux bouts du Bufet l'on voyoit deux grandes placques portant chacune trois flambeaux de cire blanche, au deſſus du doſſier vn gueridon d'argent chargé de pluſieurs bougies, & à coſté pluſieurs grands vazes d'vn prix & d'vne peſanteur extraordinaire; outre ſix grands baſſins qui ſervoient de fond. Devant chaque table il y avoit vne grande cuvette d'argent peſant mille marcs, & ces tables qui eſtoient comme deux credences pour accompagner le grand bufet du Roy, eſtoient deſtinées pour le ſervice des Dames.

Au delà de l'arcade, qui ſervoit d'entrée du coſté de l'allée qui deſcend vers les grilles du grand parc, eſtoit vn enfoncement de dix-huit toiſes de long, qui formoit comme vn avant-Salon.

Ce lieu eſtoit terminé d'vn grand portique de verdure, au delà duquel il y avoit vne grande Sale bornée par les deux coſtez des paliſſades de l'allée, & par l'autre bout d'vn autre portique de feüillages. Dans cette Sale l'on avoit dreſſé quatre grandes tentes tres-magnifiques, ſous leſquelles étoient huit tables accompagnées de leurs bufets, chargez de baſſins, de verres & de lumieres, diſpoſées dans vn ordre tout à fait ſingulier.

Lors que le Roy fut entré dans le Salon octogone, & que toute la Cour ſurpriſe de la beauté & de la diſpoſition ſi extraordinaire de ce lieu, en eut bien conſideré toutes les parties, ſa Majeſté ſe mit à table, le dos tourné du coſté par où elle avoit entré, & lors que Monſieur eut auſſi pris ſa place, les Dames qui eſtoient nommées par ſa Majeſté pour y ſouper, prirent les leurs ſelon qu'elles ſe rencontrerent ſans garder aucun rang : Celles qui eurent cet honneur furent,

Meſdemoiſelles d'Angouleſmes.
Me Aubry de Courcy.
Me de Saint Arbre.
Me de Broglio.
Me de Bailleul.
Me de Bonnelle.
Me Bignon.
Me de Bordeaux.
Mlle Borelle.
Me de Briſſac.
Me de Coulange.
M^e la Mareſchale de Clerembaut.
M^e la Mareſchale de Caſtelnau.
Me de Comminge.
M^e la Marquiſe de Caſtelnau.
Mlle d'Elbeuf.
M^e la Mareſchale d'Albret & Mlle ſa fille.
M^e la Mareſchale d'Eſtrée.
M^e la Mareſchale de la Ferté.
Me de la Fayette.
M^e la Cõteſſe de Fieſque.

M^e

Mᵉ de Fontenay Hotman.
Mᵉ de Fieubet.
Mᵉ la Mareſchalle de Grancay & Mˡˡᵉˢ ſes deux filles.
Mᵉ des Hameaux.
Mᵉ la Mareſchalle de l'Hoſpital.
Mᵉ la Lieutenãte Civile.
Mᵉ la Comteſſe de Louvigny.
Mˡˡᵉ de Manicham.
Mᵉ de Mekelbourg.
Mᵉ la grande Mareſchalle.
Mᵉ de Marré.
Mᵉ de Nemours.
Mᵉ de Richelieu.
Mᵉ la Ducheſſe de Richemont.
Mˡˡᵉ de Treſme.
Mᵉ Tambonneau.
Mᵉ de la Trouſſe.
Mᵉ la Preſidẽte Tubeuf.
Mᵉ la Ducheſſe de la Valliere.
Mᵉ la Marquiſe de la Valliere.
Mᵉ de Vilacerf.
Mᵉ la Ducheſſe de Virtemberg & Mᵉ ſa fille.
Mᵉ de Valavoire.

Comme la ſomptuoſité de ce feſtin paſſe tout ce qu'on en pourroit dire, tant par l'abondance & la delicateſſe des viandes qui y furent ſervies, que par le bel ordre que le Mareſchal de Bellefond & le Sieur de Valentiné Controlleur General de la Maiſon du Roy y apporterent ; je n'entreprendray pas d'en faire le détail : Ie diray ſeulement que le pied du Rocher eſtoit revêtu parmy les Coquilles & la mouſſe, de quantité de paſtes, de confitures, de conſerves, d'herbages

& de fruits ſucrez, qui ſembloient eſtre crûs parmy les pierres & en faire partie. Il y avoit ſur les huit angles qui marquent la figure du Rocher & de la table huit pyramides de fleurs, dont chacune eſtoit composée de treize porcelaines remplies de differens mez ; Il y eut cinq ſervices chacun de cinquante-ſix grands plats ; les plats du deſert eſtoient chargez de ſeize porcelaines en pyramides, où tout ce qu'il y a de plus exquis & de plus rare dans la ſaiſon y paroiſſoit à l'œil & au gouſt, d'vne maniere qui ſecondoit bien ce que l'on avoit fait dans cet agreable lieu pour charmer la veuë.

Dans vne allée aſſez proche delà, & ſous vne tente eſtoit la table de la Reine où mangeoit Madame, Mademoiſeille, Madame la Princeſſe, Madame la Princeſſe de Carignan ; Monſeigneur le Dauphin ſoupa au Chaſteau dans ſon appartement.

Le Roy eſtoit ſervy par Monſieur le Duc, & Monſieur par le Sieur de Valentiné ; Les Sieurs Grotteau Controlleur de la bouche, Gaut & Chamois Controlleurs d'Offices, mettoient les viandes ſur la table.

Le Mareſchal de Bellefond ſervoit la Reine ; le Sieur Courtet Controlleur d'Office ſervoit Madame ; le Sieur de la Grange auſſi Controlleur d'Office mettoit ſur table; Les cent Suiſſes de la Garde portoient les viandes; & les Pages & Valets de Pied du Roy, de la Reine, de Monſieur & de Madame ſervoient les tables de leurs Majeſtez.

Dans le meſme temps que l'on portoit ſur ces deux tables, il y en avoit huit autres que l'on ſervoit de la meſme maniere, qui eſtoient dreſſées ſous les quatre tentes, dont j'ay parlé, & ces tables avoient leurs Maiſtres d'Hoſtel, qui faiſoient porter les viandes par les Gardes Suiſſes. La premiere eſtoit celle,

De Mad. la Comteſſe de Soiſſons de 20. couverts.
De Mad. la Princeſſe de Bade de 20. couverts.
De Mad. la Ducheſſe de Crequy de 20. couverts.
De Mad. la Marèchalle de la Mothe de 20. cou.
De Mad. de Montauſier de 40. couverts.
De Mad. la Mareſchalle de Bellefond de 65. cou.
De Mad. la Marèchalle d'Humieres de 20. cou.
De Madame de Bethune de 20. couverts.

Il y en avoit encore trois autres dans vne petite allée à coſté de celle que tenoit Madame la Mareſchalle de Bellefond, de quinze à ſeize couverts chacune, dont les Maiſtres d'Hoſtel du Roy avoient le ſoin.

Quantité d'autres tables ſe ſervoient de la deſſerte de la Reine, & des autres, pour les femmes de la Reine & pour d'autres perſonnes.

Dans la Grotte proche du Chasteau, il y eut trois tables pour les Ambassadeurs, qui furent servies en mesme temps de 22. couverts chacune.

Il y avoit encore en plusieurs endroits des tables dressées où l'on donnoit à manger à tout le monde, & l'on peut dire que l'abondance des viandes, des vins & des liqueurs; la beauté & l'excellence des fruits & des confitures, & vne infinité d'autres choses delicatement apprestées, faisoit bien voir que la magnificence du Roy se répandoit de tous costez.

Le Roy s'estant levé de table pour donner vn nouveau divertissement aux Dames, & passant par le Portique, où l'allée monte vers le Chasteau les conduisit dans la Sale du Bal.

A deux cens pas de l'endroit, où l'on avoit soupé & dans vne traverse d'allées, qui forme vn espace d'vne vaste grandeur; l'on avoit dressé vn Edifice de figure octogone haut de plus de neuf toises & large de dix; Toute la Cour marcha le long de l'allée sans s'appercevoir du lieu où elle estoit, mais comme elle eut fait plus de la moitié du chemin, il y eut vne palissade de verdure, qui s'ouvrant tout d'vn coup de part & d'autre, laissa voir au travers d'vn grand portique vn Salon remply d'vne infinité de lumieres, & vne longue allée au delà, dont l'extraordinaire beauté surprit tout le monde.

La Salle du Bal donné dans le petit Parc de Versailles.

IV.

Aula frondibus et virgultis septa, ad saltationes et choreas ducendas parata, In Hortis Versalianis.

le Pautre, sculps. 1678.

Ce Baſtiment n'eſtoit pas tout de feüillages comme celuy où l'on avoit ſoupé ; Il repreſentoit vne ſuperbe Salle reveſtuë de marbre & de porphire, & ornée ſeulement en quelques endroits de verdure & de feſtons. Vn grand portique de ſeize pieds de large & de trente-deux de haut ſervoit d'entrée à ce riche Salon; Il avançoit environ trois toiſes dans l'allée, & cette avance ſervoit encore de veſtibule, & faiſoit ſymetrie aux autres enfoncemens qui ſe rencontroient dans les huict coſtez. Du milieu du portique pendoient de grands feſtons de fleurs attachez de part & d'autre. Aux deux coſtez de l'entrée & ſur deux pieds d'eſtaux on voyoit des thermes repreſentant des Satyres, qui eſtoient là comme les gardes de ce beau lieu. A la hauteur de huict pieds ce Salon eſtoit ouvert par les ſix coſtez entre la porte par où l'on entroit & l'allée du milieu : Ces ouvertures formoient ſix grandes arcades qui ſervoient de tribunes, où l'on avoit dreſſé plusieurs ſieges en forme d'amphitheatres, pour aſſeoir plus de ſix-vingts perſonnes dans chacune. Ces enfoncemens eſtoient ornez de feüillages qui venant à ſe terminer contre les pilaſtres & le haut d[illegible]ades y montroient aſſez que ce bel endroit e[illegible] paré comme à vn jour de Feſte, puis que l'on y meſloit des feüilles & des fleurs pour l'orner;

car les impoſtes & les clefs des arcades eſtoient marquez par des feſtons & des ceintures de fleurs.

Du coſté droit dans l'arcade du milieu & au haut de l'enfoncement eſtoit vne grotte de rocaille, où dans vn large baſſin travaillé ruſtiquement l'on voyoit Arion porté ſur vn Dauphin, & tenant vne lyre : Il avoit à coſté de luy deux Tritons ; C'eſtoit dans ce lieu que les Muſiciens eſtoient placez. A l'oppoſite l'on avoit mis tous les joüeurs d'Inſtrumens : L'enfoncement de l'arcade où ils eſtoient formoit auſſi vne grotte où l'on voyoit Orphée ſur vn rocher, qui ſembloit joindre ſa voix à celle de deux Nymphes aſſiſes auprés de luy. Dans le fond des quatre autres arcades il y avoit d'autres grotes, où par la gueule de certains monſtres ſortoit de l'eau qui tomboit dans des baſſins ruſtiques d'où elle s'échappoit entre des pierres, & degouttoit lentement parmy la mouſſe & les rocailles.

Contre les huict pilaſtres qui formoient ces arcades, & ſur des pieds d'eſtaux de marbre l'on avoit poſé huict grandes figures de Femmes, qui tenoient dans leurs mains divers Inſtrumens, dont elles ſembloient ſe ſervir pour contribuer au divertiſſement du Bal.

Dans le milieu des pieds-d'eſtaux il y avoit des

masques de bronze doré, qui jettoient de l'eau dans vn bassin. Au bas de chaque pied-d'estail, & des deux costez du mesme bassin s'élevoient deux jets d'eau qui formoient deux chandeliers. Tout autour de ce Salon regnoit vn siege de marbre sur lequel d'espace en espace estoient plusieurs vases remplis d'Orangers.

Dans l'arcade qui estoit vis-à-vis de l'entrée, & qui servoit d'ouverture à une grande allée de verdure l'on voyoit encore sur deux pieds d'estaux deux figures, qui representoient Flore & Pomone: De ces pieds d'estaux il en sortoit de l'eau comme de ceux du Salon.

Le haut de ce Salon s'élevoit au dessus de la corniche par huit pans jusques à la hauteur de douze pieds; puis formant un plat-fond de figure octogone, laissoit dans le milieu une ouverture de pareille forme, dont l'enfoncement estoit de cinq à six pieds. Dans ces huit pans estoient huit grands Soleils d'or soûtenus de huit figures, qui representoient les douze mois de l'Année avec les signes du Zodiaque: Le fond estoit d'azur semé de Fleurs-de-lis d'or & le reste enrichy de roses & d'autres ornemens d'or, d'où pendoient trente-deux lustres portant chacun douze bougies.

Outre toutes ces lumieres qui faisoient le plus

beau jour du monde, il y avoit dans les six tribunes vingt-quatre plaques, dont chacune portoit neuf bougies ; & aux deux côtez des huit pilastres au dessus des figures, sortoient de la feüillée de grands fleurons d'argent, en forme de branches d'arbres, qui soûtenoient treize chandeliers disposez en pyramides. Aux deux côtez de la porte, & dans l'endroit qui servoit comme de vestibule, il y avoit six grandes plaques en ovale enrichies des chiffres du Roy ; chacune de ces plaques portoit seize chandeliers allumez de seize bougies.

L'Allée qui aboutit au milieu de ce Salon, avoit plus de vingt pieds de large : Elle étoit toute défeüillée de part & d'autre & paroissoit découverte par le haut ; Par les côtez elle sembloit accompagnée de huit cabinets, où à chaque encoigneure l'on voyoit sur des pieds d'estaux de marbre des thermes qui representoient des Satyres ; A l'endroit où estoient ces thermes, les cabinets se fermoient en berceau.

Au bout de l'allée il y avoit une Grotte de rocaille, où l'art estoit si heureusement joint à la nature, que parmy les figures qui l'ornoient, on y voyoit cette belle negligence & cet arrangement rustique, qui donne un si grand plaisir à la veüe.

Au

Au haut, & dans le lieu le plus enfoncé de la Grotte, on découvroit une eſpece de maſque de bronze doré, repreſentant la teſte d'un monſtre marin. Deux Tritons argentez ouvroient les deux côtez de la gueule de ce maſque, duquel s'élevoit en forme d'aigrette un gros boüillon d'eau, dont la chûte augmentant celle qui tomboit de ſa gueule extraordinairement grande, faiſoit une nappe, qui ſe répandoit dans un grand baſſin d'où ces deux Tritons ſembloient ſortir.

De ce baſſin ſe formoit une autre grande nappe accompagnée de deux gros jets d'eau que deux animaux d'une figure monſtreuſe vomiſſoient en ſe regardant l'un l'autre. Ces deux animaux qui ne paroiſſoient qu'à demy hors de la roche, eſtoient auſſi de bronze doré. De cette quantité d'eau qu'ils jettoient, & de celle de ce baſſin qui tomboit dans un autre beaucoup plus grand, il ſe formoit une troiſiéme nape, qui couvrant tout le bas du rocher, & ſe déchirant inégalement contre les pierres d'en bas, faiſoit paroître des éclats ſi beaux & ſi extraordinaires, qu'on ne les peut bien exprimer.

Cette abondance d'eau qui comme un agreable torrent, ſe precipitoit de la ſorte par differentes chûtes, ſembloit couvrir le rocher de plusieurs voiles d'argent qui n'empêchoient pas qu'on ne vît la disposition des pierres & des coquillages, dont les couleurs paroissoient encore avec plus de beauté parmy la mousse moüillée, & au travers de l'eau qui tomboit en bas, où elle formoit de gros boüillons d'écume.

De ce dernier endroit où toute cette eau finissoit sa chûte dans un quarré qui estoit au pied de la grote, elle se divisoit en deux canaux, qui bordant les deux côtez de l'allée, venoient à se terminer dans un grand bassin, dont la figure estoit d'un quarré long, augmenté par les quatre côtez de quatre demy-ronds, lequel separoit l'allée d'avec le Salon : Mais cette eau ne couloit pas, sans faire paroître mille beaux effets; Car vis-à-vis des huit cabinets, il y avoit dans chaque canal deux Iets-d'eau, qui formoient de chaque côté seize lances de douze à quinze pieds de haut; & d'espace en espace l'eau de ces canaux venant à tomber, faisoit des cascades qui composoient autant de petites nappes argentées, dont la longueur de chaque canal étoit agreablement interrompüe.

Ces canaux estoient bordez de gazon de part & d'autre : Du côté des cabinets & entre les thermes qui en marquoient les encoigneures, il y avoit dans de grands vases, des orangers chargez de fleurs & de fruits,& le milieu de l'allée estoit d'un sable jaune qui partageoit les deux lisieres de gazon.

Dans le bassin qui separoit l'allée d'avec le Salon, il y avoit un groupe de quatre dauphins dans des coquilles de bronze doré posées sur un petit rocher: Ces quatre dauphins ne formoient qu'une seule teste, qui estoit renversée, & qui ouvrant la gueule en haut poussoit un jet d'eau d'une grosseur extraordinaire. Aprés que cette eau qui s'élevoit de plus de trente pieds de haut, avoit frappé la feüillée avec violence, elle retomboit dans le bassin en mille petites boules de crystal.

Aux deux costez de ce bassin il y avoit quatre grandes plaques en ovale, chargées chacune de quinze bougies; mais comme toutes les autres lumieres qui éclairoient cette allée, estoient cachées derriere les pilastres, & les thermes qui marquoient les cabinets, l'on ne voyoit qu'un jour universel qui se répandoit si agreablement dans tout ce lieu, & en découvroit les parties avec tant de beauté, que tout le monde preferoit cette clarté à la lumiere des plus beaux jours. Il n'y avoit point de Iets-d'eau qui ne fist paroître mille brillans; & l'on reconnoissoit principalement dans ce lieu & dans la Grotte où le Roy avoit ſoupé, une diſtribution d'eaux ſi belle & ſi extraordinaire, que jamais il ne s'eſt rien veu de pareil. Le ſieur Ioly qui en avoit eu la conduite, les avoit ſi bien menagées, que produiſant toutes des effets differens; il y avoit encore une union & un certain accord qui faiſoit paroître par tout une agreable beauté; la chûte des unes, ſervant en pluſieurs endroits à donner plus d'éclat à la chûte des autres. Les Iets-d'eau qui s'élevoient de quinze pieds ſur le devant des deux canaux, venoient peu à peu à ſe diminuer de hauteur & de force à meſure qu'ils s'éloignoient de la veüe; de ſorte que s'accordant avec la belle maniere dont l'on avoit diſpoſé l'allée, il ſembloit que cette allée qui n'avoit guere plus de quinze toiſes de long, en euſt quatre fois davantage: tant toutes choſes y eſtoient bien conduites.

Pendant que dans un ſejour ſi charmant, leurs Majeſtez & toute la Cour prenoient le divertiſſement du Bal, à la veuë de ces beaux objets, & au bruit de ces eaux qui n'interrompoit qu'agreablement le ſon des inſtrumens; l'on preparoit ailleurs d'autres ſpectacles dont perſonne ne s'eſtoit apperceu, & qui devoient ſurprendre tout le monde. Le ſieur Giſſey outre le ſoin qu'il avoit pris du lieu où le Roy avoit ſoupé, & des deſſeins de tous les habits de la Comedie, ſe trouvant encore chargé des Illuminations qu'on devoit mettre au Chaſteau, & en pluſieurs endroits du parc, travailloit à mettre toutes ces choſes en ordre, pour faire que ce beau divertiſſement euſt une fin auſſi heureuſe & auſſi agreable, que le ſuccez en avoit eſté favorable juſques alors : ce qui arriva en effet par les ſoins qu'il y prit. Car en un moment toutes les choſes furent ſi bien ordonnées, que quand leurs Majeſtez ſortirent du Bal, Elles apperceurent le tour du fer à cheval & le Chaſteau tout en feu, mais d'un feu ſi beau & ſi agreable, que cet élement qui ne paroît guere dans l'obſcurité de la nuit ſans donner de la crainte & de la frayeur, ne cauſoit que du plaiſir & de l'admiration. Deux cens vaſes de quatre pieds de haut de pluſieurs façons, & ornez de differentes manieres, entouroient ce grand eſpace qui enferme les parterres de gazon, & qui forme le fer à cheval. Au bas des degrez qui ſont au milieu, on voyoit quatre figures repreſentant quatre Fleuves; & au deſſus, ſur quatre pieds d'eſtaux qui ſont aux extremitez des rampes, quatre autres figures, qui repreſentoient les quatre parties du monde. Sur les angles du fer à cheval & entre les vases, il y avoit trente-huit candelabres ou chandeliers antiques de six pieds de haut. Et ces vases, ces candelabres, & ces figures estant éclairées de la mesme sorte que celles qui avoient paru dans la frise du Salon où l'on avoit soupé, faisoient un spectacle merveilleux. Mais la Cour estant arrivée au haut du fer à cheval, & découvrant encore mieux tout le Château, ce fut alors que tout le monde demeura dans une surprise qui ne se peut connoître qu'en la ressentant.

Il estoit orné de quarante-cinq figures : Dans le milieu de la porte du Chasteau, il y en avoit une qui representoit Ianus; & des deux côtez dans les quatorze fenestres d'en bas, l'on voyoit differens trophées de guerre. A l'estage d'en haut, il y avoit quinze figures qui representoient diverses Vertus, & au dessus, un Soleil avec des lyres, & d'autres instrumens, ayant rapport à Apollon, qui paroissoient en quinze differens endroits. Toutes ces figures estoient de diverses couleurs, mais si brillantes & si belles, que l'on ne pouvoit dire si c'estoient differens metaux allumez, ou des pierres de plusieurs couleurs qui fussent éclairées par un artifice inconnu. Les balustrades qui environnent le fossé

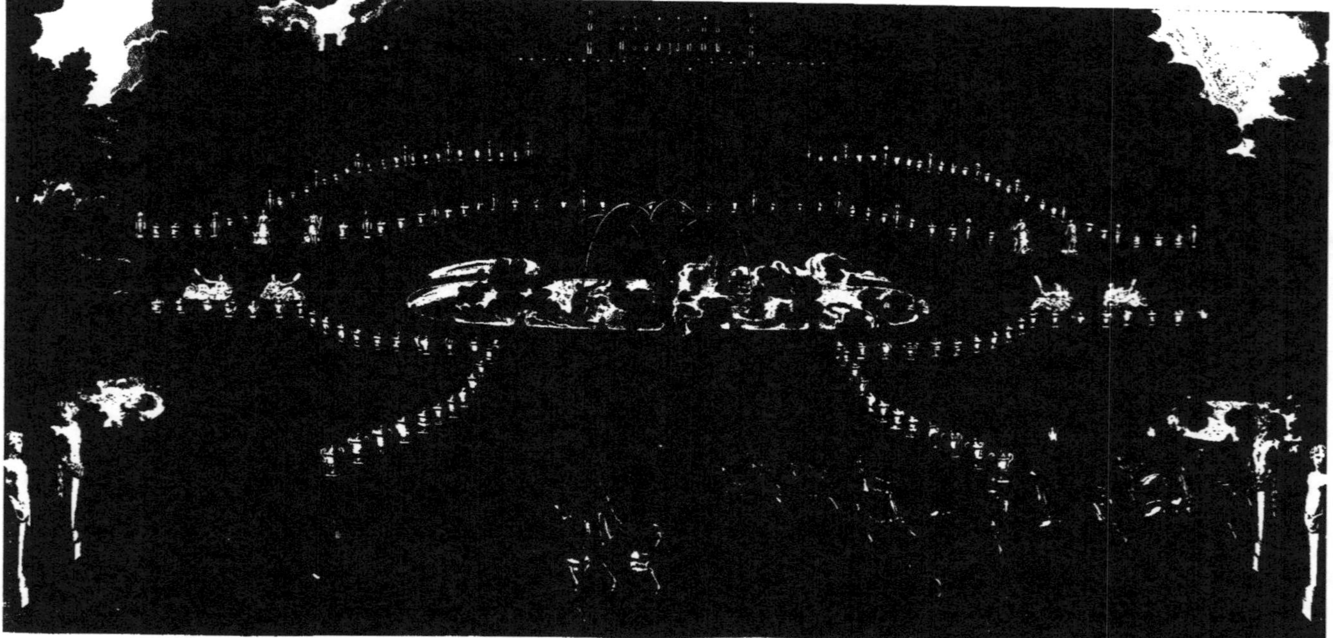

Illuminations du Palais et des Jardins de Versailles.

V.

Nocturnæ Illuminationes, vasis statuisque incluso igne pellucentibus, ad Palatij Versaliani fenestras, et per omnes hortorum areas et xystos aptè dispositis.

du Chasteau, estoient illuminées de la mesme sorte, & dans les endroits où durant le jour on avoit veu des vases remplis d'orangers & de fleurs, l'on y voyoit cent vases de diverses formes allumez de differentes couleurs.

De si merveilleux objets arrestoient la veuë de tout le monde, lors qu'un bruit qui s'éleva vers la grande allée, fit qu'on se tourna de ce costé-là, aussi-tost on la vit éclairée d'un bout à l'autre, de soixante & douze thermes faits de la mesme maniere que les figures qui estoient au Chasteau, & qui la bordoient des deux costez. De ces thermes il partit en un moment un si grand nombre de fusées, que les unes se croisant sur l'allée faisoient une espece de berceau, & les autres s'eslevant tout droit, & laissant jusques en terre une grosse trasse de lumiere, formoient comme une haute palissade de feu. Dans le temps que ces fusées montoient jusques au Ciel & qu'elles remplissoient l'air de mille clartez plus brillantes que les étoiles, l'on voyoit tout au bas de l'allée, le grand bassin d'eau qui paroissoit une mer de flâme & de lumiere, dans laquelle une infinité de feux plus rouges & plus vifs sembloient se joüer au milieu d'une clarté plus blanche & plus claire.

A de si beaux effets, se joignit le bruit de plus

de cinq cens boëtes qui eſtant dans le grand parc, & fort eſloignées, ſembloient eſtre l'Echo de ces grands éclats dont les groſſes fusées faiſoient retentir l'air lors qu'elles eſtoient en haut.

Cette grande allée ne fut guere en cet eſtat, que les trois baſſins de fontaines qui ſont dans le aprterre de gazon aù bas du fer à cheval, parurent trois ſources de lumieres. Mille feux ſortoient du milieu de l'eau, qui comme furieux & s'eſchappant d'un lieu où ils auroient eſté retenus par force, ſe répandoient de tous côtez ſur les bords du parterre. Vne infinité d'autres feux ſortant de la gueule des Lezards, des Crocodiles, des Grenoüilles, & des autres animaux de bronze qui ſont ſur les bords des fontaines, ſembloient aller ſecourir les premiers, & ſe jettant dans l'eau ſous la figure de pluſieurs ſerpens, tantoſt ſeparement, tantoſt joints enſemble par gros pelotons, luy faiſoient une rude guerre. Dans ces combats accompagnez de bruits épouventables, & d'un embrazement qu'on ne peut repreſenter, ces deux Elemens eſtoient ſi étroitement meſlez enſemble, qu'il eſtoit impoſſible de les diſtinguer: Mille fusées qui s'eſlevoient en l'air, paroiſſoient comme des jets-d'eau enflâmez; & l'eau qui boüillonnoit de toutes parts, reſſembloit

à des

à des flots de Feu & à des flâmes agitées.

Bien que tout le monde ſceuſt que l'on preparoit des Feux d'artifices, neanmoins en quelque lieu qu'on allaſt durant le jour, l'on n'y voyoit nulle diſpoſition, deſorte que dans le temps que chacun eſtoit en peine du lieu où ils devoient paroître, l'on s'en trouva tout d'un coup environné. Car non ſeulement ils partoient de ces baſſins de fontaines, mais encore des grandes allées qui environnent le Parterre: Et en voyant ſortir de terre, mille flâmes qui s'élevoient de tous coſtez, l'on ne ſçavoit s'il y avoit des Canaux qui fourniſſent cette nuit-là autant de feux, comme pendant le jour on avoit veu de jets-d'eau qui rafraiſchiſſoient ce beau parterre. Cette ſurpriſe cauſa un agreable deſordre parmy tout le monde, qui ne ſçachant où ſe retirer, ſe cachoit dans l'épaiſſeur des bocages & ſe jettoit contre terre.

Ce ſpectacle ne dura qu'autant de temps qu'il en faut pour imprimer dans l'eſprit une belle image, de ce que l'eau & le feu peuvent faire quand ils ſe rencontrent enſemble & qu'ils ſe font la guerre: Et chacun croyant que la Feſte ſe termineroit par un artifice ſi merveilleux, retournoit vers le Château, quand du côté du grand Etang l'on vit tout d'un coup le ciel rempli d'éclairs, & l'air d'un bruit qui sembloit faire trembler la terre; Chacun se rangea vers la grotte pour voir cette nouveauté; & aussi-tost il sortit de la Tour de la pompe qui esleve toutes les eaux, une infinité de grosses fusées qui remplirent tous les environs de feu & de lumiere. A quelque hauteur qu'elles montassent, elles laissoient attachée à la Tour une grosse queüe qui ne s'en separoit point que la fusée n'eust rempli l'air d'une infinité d'étoiles qu'elle y alloit répandre : Tout le haut de cette Tour sembloit estre embrasé, & de moment en moment elle vomissoit une infinité de feux, dont les uns s'eslevoient jusques au ciel, & les autres ne montant pas si haut, sembloient se joüer par mille mouvemens agreables qu'ils faisoient; Il y en avoit mesme qui marquant les chiffres du Roy par leurs tours & retours, traçoient dans l'air de doubles L toutes brillantes d'une lumiere tres-vive & tres-pure. Enfin, apres que de cette Tour il fut sorty à plusieurs fois une si grande quantité de fusées, que jamais on n'a rien veu de semblable, toutes ces lumieres s'éteignirent, & comme si elles eussent obligé les étoiles du ciel à se retirer; l'on s'apperceut que de ce costé-là la plus grande partie ne se voyoit plus, mais que le jour jaloux des avantages d'une si belle nuit, commençoit à paroître.

Leurs Majestez prirent aussi-tost le chemin de saint Germain avec toute la Cour, & il n'y eut que Monseigneur le Dauphin qui demeura dans le Chasteau.

Ainsi finit cette grande Feste, de laquelle si l'on remarque bien toutes les circonstances, on verra qu'elle a surpassé en quelque façon ce qui a jamais esté fait de plus memorable. Car soit que l'on regarde comme en si peu de temps l'on a dressé des lieux d'une grandeur extraordinaire pour la Comedie, pour le souper & pour le Bal; soit que l'on considere les divers ornemens dont on les a embellis; le nombre des lumieres dont on les a éclairez; la quantité d'eaux qu'il a falu conduire, & la distribution qui en a esté faite; la sumptuosité des repas où l'on a veu une quantité de toutes sortes de viandes qui n'est pas concevable : & enfin toutes les choses necessaires à la magnificence de ces spectacles & à la conduite de tant de differens Ouvriers, on avouëra qu'il ne s'est jamais rien fait de plus surprenant & qui ait causé plus d'admiration.

Mais comme il n'y a que le Roy qui puisse en si peu de temps mettre de grandes Armées sur pied & faire des conqueſtes avec cette rapidité que l'on a veuë, & dont toute la Terre a eſté épouvantée, lors que dans le milieu de l'Hyver Elle triomphoit de ſes ennemis, & faiſoit ouvrir les portes de toutes les Villes par où elle paſſoit: Auſſi n'appartiēt-il qu'à ce grand Prince de mettre enſemble avec la meſme promtitude autant de Muſiciēs, de Danſeurs & de Ioüeurs d'Inſtrumens, & tant de differentes beautez. Vn Capitaine Romain diſoit autrefois, qu'il n'eſtoit pas moins d'un grand homme de ſçavoir bien diſpoſer un Feſtin agreable à ſes Amis, que de ranger une Armée redoutable à ſes Ennemis: ainſi l'on voit que ſa Majeſté fait toutes ſes actions avec une grandeur égale; & que ſoit dans la paix, ſoit dans la Guerre, elle eſt par tout inimitable.

Quelque image que j'aye tâché de faire de cette belle Feſte, j'avouë qu'elle n'eſt que tres-imparfaite, & l'on ne doit pas croire que l'idée qu'on s'en formera ſur ce que j'en ay écrit, approche en aucune façon de la verité. L'on donnera au public les figures des principales decorations, mais ny les paroles, ny les figures ne ſçauroient bien repreſenter tout ce qui ſervit de divertiſſement dans ce grand Iour de rejouïſſance.

FIN.

www.ingramcontent.com/pod-product-compliance
Lightning Source LLC
LaVergne TN
LVHW020440230826
846091LV00004B/1556

* 9 7 8 2 0 1 9 9 3 9 4 9 6 *